永誌不忘 星雲大師的一生

大師離家當和尚時，12歲
離開家鄉來到台灣，22歲
離開人世間的大師，97歲
大師一生：
改革了佛教，改善了人心，改變了世界。

遠見・天下文化創辦人 高希均
二〇二三年二月六日於大師圓寂後

星雲大師的光輝

——結緣受益三十年

高希均 著

大師九三華誕獻詞

有佛法就有辨法
有思路就有出路
有格局就成大局
有大師就成大事

高希均
二〇一九年八月

2018 年 9 月，南京天隆寺，九十多歲的和尚，與八十多歲的書生。

•大師序

遠見天下者——高希均教授

星雲大師

在學者教授群中，和我相談最為熱絡的，就是高希均先生了。

我和高教授早在一九八九年就結緣，當時我應《遠見》雜誌之邀，講述「我的大陸行」，探討兩岸文化、宗教、教育等交流事宜。自此我們就經常往來，交換意見。

一九九三年，高教授要為我出一本傳記，對於他的盛情，我實在卻之不恭，勉強應他所望。一九九五年，由符芝瑛小姐撰寫的《傳燈——星雲大師傳》，就這樣出版了。承蒙高教授的大力推薦，多次在全台的書店如金石堂等，進入暢銷書的十大排行榜。

後來，繼《傳燈》之後，他又再請符小姐為佛光山的比丘、比丘尼，如心平、慈莊、慈惠、慈容、心定、依空法師等人，撰寫《薪火》。尤其數年前，天下文化出版了滿義法師所寫的《星雲模式的人間佛教》，為我們所提倡的人間佛教定下規章、打下基礎，後來甚至被山東省的一所大學指定做為教科書。

高教授一心為社會的文化教育盡一分力量，成立了「遠見・天下文化事業群」，幾十年來，不惜成本、擇善固執出版許多膾炙人口的書籍，帶給社會大眾許多重要觀念。如：一九七七年，他以〈天下沒有白吃的午餐〉一文，介紹經濟學概念，影響台灣朝野。勉勵大家要「讀一流書、做一流人」，要台灣推動「執行力」，發揮「軟實力」等等。我敬佩他對社會公益的堅持，所以天下文化每年寄來我出書的版稅，我都要書記們寄還給他，表達我對他推動文化事業的支持。

二〇〇五年，天下文化出版了《藍海策略》一書，使傳統的商業行銷思惟有了更新、活化的空間，一時在企業之間蔚為流行風氣。承蒙高教授說，數十年來，我提倡的「人間佛教」改變人們的生活，改變了大眾的思想觀念，進而改變遍及了這個世界，像一場寧靜革命，在海內外和平崛起。「人間佛教」的推廣，佛光山早已默默地在運用，承他說我一句：「是『藍海策略』的先行者」，其實，我們和高教授一樣，也是一本初衷想為國家社會服務，奉獻一點心力。

高教授為人坦率熱忱，擁有政經各界許多好友，過去以來，他經常邀約一些知己的各界學者，如傅高義、荀伯格、沈君山、蘇起、李開復等，或在台北，或到高雄聚談。在佛光山參觀時，我們總是各述見聞，彼此毫無拘束，暢快淋漓。這幾年農曆春節，他陪同夫人劉麗安，邀約好友楊振宇、林祖嘉、羅濟群夫婦，一起上山度假過節。

記得有一次，我們就在言談之間，高教授忽然問我：「什麼是人間佛教？」被他這一提問，讓我剎那之間想到，我講了一生的人間佛教，竟然還是第一次被問到這個問題。不過，我也很快地就回答了高教授。我說：「佛說的、人要的、淨化的、善美的，凡是有助於幸福人生之增進的教法，都是人間佛教。」我看到高教授聽聞之後，高興得撫掌說好的樣子，自己也不禁跟著歡喜起來。

高教授的兒子是牧師，夫人劉麗安女士是耶穌教徒，我始終不知道高教授的信仰？我也從來沒問過或者要他信仰佛教。但是數十年來，他每次表達對「人間佛教」高度的肯定中，想來，應該可以算是「佛教之友」吧！

高教授也談到，以前在威斯康辛大學任教時，若全心從事英文著作，則時間就全部佔用；若回台灣，則又要用中文來發揮其所長。如何取捨？回台灣或在美國？是不容易的抉擇，最後決定回台將所學奉獻給國人，因為自己終究是中國人。

中國不一定要有許多知名的經濟學家，卻需要有幾千萬人懂得經濟。人生在世百年後，就是學者也會被淘汰，但對大眾深遠的影響，卻是無限的化身。為高教授這個抉擇喝采！非具有遠見者不能為。

希均教授
慈悲
星雲

• 自序

結緣大師三十年

高希均

（一）一九四九年

一九八九年二月，沒有見過面的大師出現在松江路遠見．天下文化簡樸的辦公室裡，使我們受寵若驚；但大師的親切與平易近人，立刻使我們如沐春風。那一刻起我們就產生了亦師亦友的情誼。當時我往返兩地，大部份時間仍在美國教書。

那年大師六十三歲，自己五十三歲。我們的童年都在揚子江邊：揚州與南京，一九四九年來到台灣。一無所有的揚州和尚隻身奮鬥，一個眷村孩子努力向上。

從一九四九年算起，我們的「台灣年齡」已是七十歲了。

誰說我們不是愛台灣的台灣人？誰說我們不是愛中國的中國人？

（二）二〇一九年

七十年來，星雲大師推廣人間佛教，創造了台灣的「宗教奇蹟」。

大師從宜蘭出發，佛光山發心。他走的是一條奉獻的路；一條曲直向前帶領眾生的人間佛教之路。

大師的核心力量就是永不休止地散佈慈悲，展現智慧。因此大師的一言一行在海內外就激起了浪花；掀起了風潮，引發了熱情，創造了無處不在的人間紅利。

大師的影響超越了台灣；大師的光輝跨越了宗教；大師的貢獻飛越了時空。

來到二〇一九年，大師屢屢告訴信徒：「我來世還要做和尚，我做得不夠好。」他永遠與人間佛教同在。

（大師九三華誕前夕，二〇一九年八月台北）

目錄

第二部
影像集：書緣・人緣・佛緣

楔子

我在美國念書五年，教書三十四年，我是書生，以書為生，寫書、出書、評論書、推介書，一生與書為伍。

與大師近三十年的深厚友誼，我深刻感受大師的言教與身教。大師出口成章，下筆如飛，時時慈悲，知己滿天下，擁有強大的生命力、執行力和說服力。大師在推動人間佛教的道路上，既能曲折向前，更能勇往直前。

與大師交往，心中就一直把大師視為「君子」的最高座標；向他學習，向他請益。每一次的接觸——不論是見面、電話，或透過報紙、書籍、電視——總產生自己要不斷提昇的內在動力：行為上更捨得、理念上更開放、文化歷史上更尋根。

我們和周圍共同的友人，也都有一致特質：愛中國、愛台灣、愛中華文化、愛和平。大師則有更多的慈悲與智慧。

如果你也接觸了星雲大師，那是何等幸運！

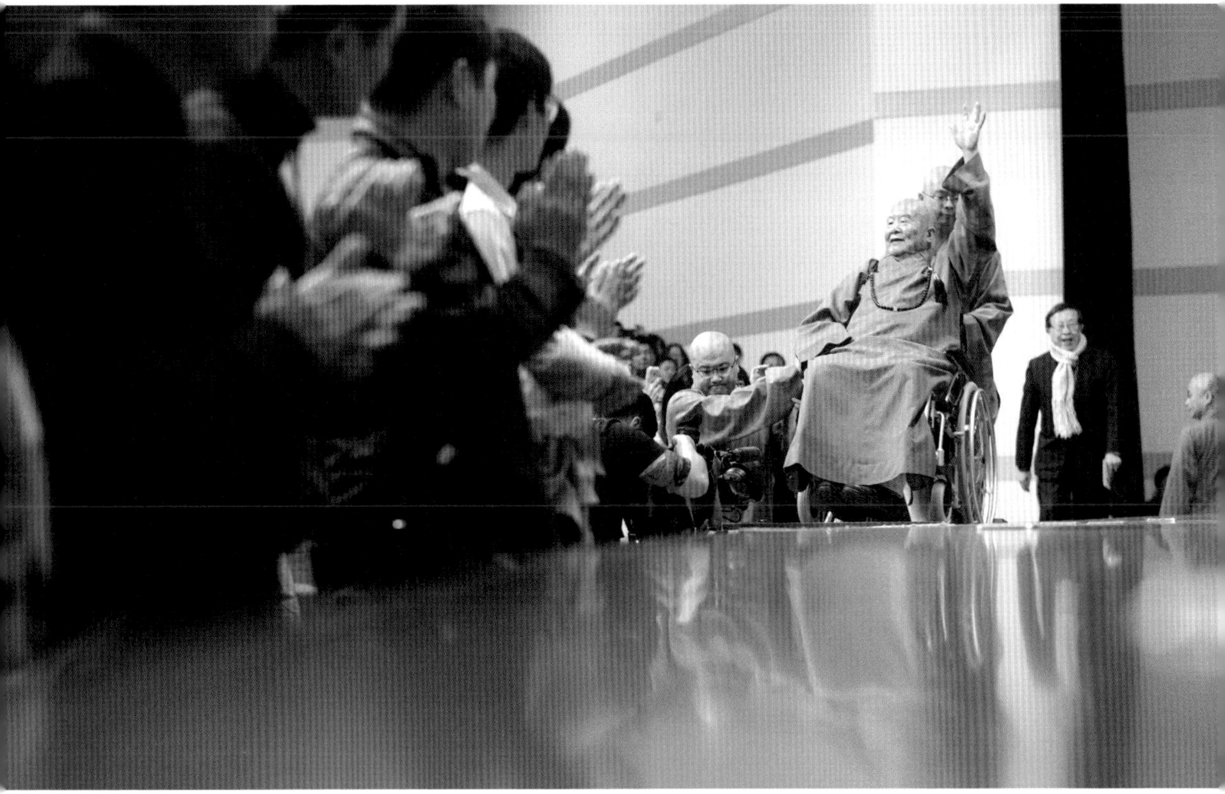

高教授說：如果你也接觸了星雲大師，那是何等幸運！（2016 年 4 月在「揚州講壇」）

他們都關心兩岸和平，熱愛中華文化。

一位開示人間佛法，一位印證人間佛法。（2016 年 4 月，參加在大師家鄉的「揚州講壇」）

三十年來，入世或出世的話題，他們無話不談。

病痛並不能阻隔他們的友誼，腦部手術後正在復健的大師，
想念老友高希均教授。

真誠的想見，讓高教授克服「不敢打擾大師」的猶豫，急著上山去探望大師。

每一次的相見都迫不及待，彷彿期盼了很久。

KARMA

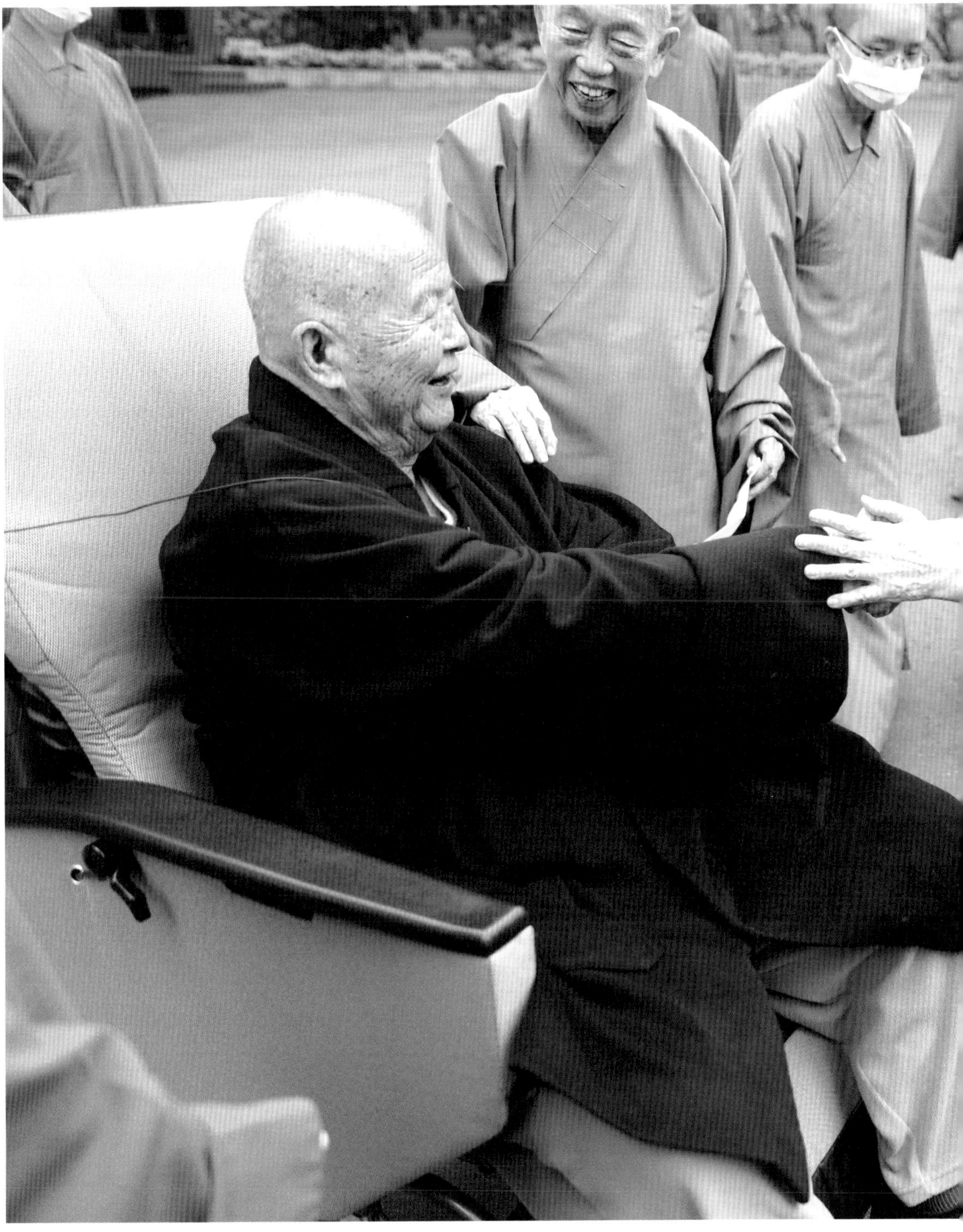

2017 年 4 月 14 日，星雲大師與高教授相見於佛光山。高教授於膝蓋手術後，
上山探望大師。

第一部

來自長江邊的兩個孩子：和尚與書生

影響深遠的長輩

• 1989「遠見」緣

（一）

對我影響深遠的一位長輩就是星雲大師。

我不是佛教徒，也不諳高深的佛理，但常能從他倡導的平易近人的人間佛教中，獲取很多啟示。即以辦教育而言，我一生教書，能教出多少學生？他所創辦的大學——美國的西來大學、台灣的佛光大學與南華大學等，一年就培養出上千的大學生與研究生。

《遠見》雜誌促成了我們相識的因緣。那是一九八九年三月，大師第一次從大陸訪問回來，我們邀請他在台北做一次公開演講。

我第一次親身感受到大師的魅力。當時的台北已經出現了「找演講者不易，找聽眾更難」的現象。兩千人的大廳居然擠得水洩不通。我緊張地做了開場白，大師就展開了動人的九十分鐘演講。這應當是四十多年來台灣第一次對大陸行所做的公開演講；星雲大師創下了歷史的一頁。

從那次以後，大師答應了《遠見》的請求，變成了我們的專欄作家、書的作者及傳主。他的文章及文集受到廣大讀者的肯定；符芝瑛寫的《傳燈》、滿義法師寫的《星雲模式的人間佛教》更是洛陽紙貴，傳誦海內外。使我感到格外興奮的是：大陸來訪的學者與新聞界朋友，都盼望能得到大師的著作。

（二）

在相識的過程中，每隔一段時間，我都有機會向大師請益。所討論的題目，很少談及宗教，大多是環繞著教育、文化、社會、生活等層面。最近幾年我們都憂慮陷入難以突破的兩岸關係，以及台灣的泛政治化。

當大師以愈來愈多的時間在海外傳播人間佛教時，他就愈來愈是個地球人。如果從他的高度與視野來看這世間的一切——他的四句話最容易引起共鳴：

- 人生最大的毛病是自私。
- 人生最大的悲哀是無知。
- 人生最大的勇氣是認錯。
- 人生最大的本錢是尊嚴。

這些年來台灣社會的紛紛嚷嚷，不正就是一些人的自私、無知、不肯認錯、沒有尊嚴嗎？

（三）

今年是與大師相識的三十年，特別編集了《星雲大師的光輝——結緣受益三十年》來表達敬意。願從這珍貴交集的照片中，看到了大師一生的縮影：如雲之飄逸、如水之清澈、如日之燦爛、如月之圓滿。

1989年2月，初識星雲大師。（在《遠見》雜誌辦公室）

1989年3月，大師主講「大陸行」，近兩千位聽眾參加，
地點在台北太平洋崇光百貨樓上。

《傳燈》1995 年 1 月 30 日出版。

•2003 人間衛視主持「讀一流書」節目

閱讀救自己

六十年前秋天我到美國讀書，正是尼克森與甘迺迪競選美國總統前夕。他們在一年多的競選中，讓我親身經歷了第一次的民主洗禮；尤其出現了歷史上第一次的總統候選人電視辯論，使來自一個落後地區的年輕人看得興高采烈。選舉結果是四十四歲的甘迺迪變成了美國最年輕的總統。在就職演說中，他的二句話打動了無數人心：「不要問政府能為你做什麼；要問你能為政府做什麼。」甘迺迪的號召使在冷戰中太空計畫已居劣勢的的美國年輕一代警覺：我們真有本領能為國家做出貢獻嗎？

生長在抗日戰亂中的大陸，成長在經濟落後的台灣，二十三歲去到優勝劣敗的美國，當時就立刻加深了自己強烈的危機意識：要救自己的國家，先要救自己。救自己就是把自己變成一個有用的人。靠天生的體力、靠中國人性格中的打拚是不夠的，也無法持久的。西方社會顯示：必須要靠現代方法，才能把每個人化平庸為出色。用經濟的術語說，現代方法就是要把人提昇成具有競爭力、具有生產力、具有高附加價值的人。這個方法就是靠教育。這個橋樑就是靠認真讀書，靠大量閱讀。

世界上沒有一個現代國家，教育落後而經濟進步的；世界上所有的文明社會，必然是一個愛閱讀的社會：自己閱讀，家庭閱讀，社區閱讀，國會議員也閱讀，媒體人也閱讀，有錢人也閱讀，每個人都是終身閱讀者。

因為終身閱讀在西方社會是那麼地普遍，我在那裡相識的朋友幾乎都是我所嚮往的「專業內內行，專業外不外行」。「內行」靠專業精讀，「不外行」靠大量閱讀。自己只做到一半，因此在台灣，我利用所有的場合，特別是對大學生，都強調：大量閱讀對現代人的重要。

與年輕朋友交談，我常向他們提醒：不要羨慕那些大官、巨商、新貴；而是要學習那些專業以外也不外行的人！學習他們在專業中，可以沉醉其中；學習他們在專業外，也享有人文情趣。

當代管理學者都強調：企業生存最大的關鍵，已不是資源、資金、技術，甚至還不全是人才與創新，而是要有持久的能力比對手學習得更快、更徹底。企業是如此，政府部門也是如此，個人更是如此。這就是閱讀救自己的根本。

要判斷企業領袖或政治人物的成敗，只要認真觀察他們自身及重要幕僚，是否擁有較高的學習意願、較強的反省能力、較大的包容態度、較深厚的專業知識，以及持久的閱讀習慣。尼克森就說過：「一個了不起的領袖必定是一個了不起的閱讀者。」

因此我要告訴年輕一代：在所有的選擇中，閱讀最重要。

我深信：讀書不輸；讀書一定強。

2003 年，一向大力推廣閱讀的高希均教授應邀至人間衛視主持「讀一流書」節目，
2 月 26 日，星雲大師首次出現他創辦的電視台，上節目談論讀書與處世之道。

•2003與「人間佛教讀書會」共倡閱讀

知識落差與閱讀

閱讀，是思考的開始。無論是認識信仰的內涵，或是實踐人生的價值，閱讀是所有學習和自我提升的起點。

早在二〇〇三年，「人間佛教讀書會」與致力推動「讀一流書・做一流人・建一流社會」的「天下遠見讀書俱樂部」共同結盟，透過多元的推廣形式，讓閱讀深耕在台灣及海內外超過二千多個角落。如今，「人間佛教讀書會」所播下的每一顆種子，都已蔚然成林。

眾聲喧嘩，唯有閱讀讓人寧靜。在媒體及網路資訊充斥的時代，閱讀習慣持續受到許多的干擾與挑戰。然而，閱讀救自己，改變社會的力量，終將不變，更會是「人間佛教讀書會」永不放棄的目標。

（一）

凱因斯的一句名言：「觀念可以改變歷史的軌跡。」使我決定要獻身教育，傳播進步觀念。近年來，在哈佛大學商學院出版的著作及雜誌上，讀到它們標示的三個英文字：「Ideas with impact」，生動地道出了我多年來的投入與嚮往。

在這個全球化年代，彼得・杜拉克（Peter F. Drucker）、彼得・聖吉（Peter Senge）、查爾斯・韓第（Charles Handy）等西方管理學者一再警告：領先對手的唯一方法就是比對手學習得更快。

二十一世紀初的人類，正走向逐漸被剷平的世界；急起直追的社會還有各種路障。這些石頭出現在五大落差：

- 知識落差：產生了貧富不均。
- 創新落差：產生了企業盛衰。
- 格局落差：產生了政策分歧。
- 人品落差：產生了君子與小人。
- 愛心落差：產生了大愛與貪婪。

不克服這些落差，一個社會就無法與世界接軌。

「知識的落差」是一切落差的根源。

要縮短這一落差，就要從閱讀開始。因此我的一本書：《閱讀救自己》已經分別在台北（天下文化）與北京（人民出版社）出版。

（二）

美國人權領袖金恩在一九六三年的演講，講題是：「I Have a Dream」，被認為是二十世紀中最具震撼力的四個英文字。

讓無數海內外讀者有一個共同的夢：「讀一流書，做一流人，建一流社會」。

人生學習的起點，是讀一流書；人生歷練的過程，是做一流人；人生奉獻的高峰，是構建一流社會。

讓我們從自身做起：在所有的自由中，要堅持「讀一流書」的自由；在所有的選擇中，要堅持「做一流人」的選擇；在所有的努力中，要堅持「構建一流社會」的努力。

2003 年 8 月 31 日，大師見證天下文化與「人間佛教讀書會」，訂下共同提倡閱讀的約定。

2003 年 8 月 31 日，天下文化與「人間佛教讀書會」簽約，共同提倡閱讀。
代表人左起：覺培法師、慈惠法師、星雲大師、高希均教授、王力行發行人。

• 2006 隨大師赴長沙嶽麓書院演講

春雨中播下兩岸友誼的種子

二〇〇六年三月，曾有機緣隨大師赴長沙有千年歷史的嶽麓書院聆聽他的演講。正碰上春雨的長沙，數百位聽眾在這個充滿史蹟的書院的露天中庭穿著雨衣，專心地聆聽他的講話，這真是從未見過的感動場面。

然後嶽麓書院的朱漢民院長請我做十五分鐘的講話，其中有一段話我是在細雨中這樣向聽眾說的：

隨著國際佛光會的散布全球，隨著中國社會的逐步開放，星雲大師還有更多的人間佛教事業要做，更長的人間佛教道路要走。

近年來，大師多次受邀訪問大陸，他對中國大陸的愛心，已經播下了友誼的種子，遲早必然會對海峽兩岸有所貢獻，發揮對社會人心淨化的功能。

此刻如果他誕生的土地需要他來協助建立一個和諧社會，我們相信他一定會樂於貢獻出他的心力。

二〇〇五年後大師回到宜興復興祖庭，重建大覺寺，並在揚州設立鑑真圖書館及「揚州講壇」，大陸各地設立四十餘所「佛光希望學校」，二十餘所佛光醫院；也在非洲賽內加爾、巴西、印度、菲律賓等地設立育幼院及技能訓練班。

他自喻為地球人，跨越宗教、人種、地域。他自己與天主教、回教等領袖或會談、或交流、或共同推動世界和平、人類博愛。

在佛光山的大會客廳中掛有三幅字：「做好事、說好話、存好心」。當重要政治人物看到這「三好」時，內心想必會有一番觸動。他近年也在各處推廣「行三好，救台灣」。

大師要以「三好」為核心，進而構建「三和」：「人民和睦」、「兩岸和平」與「人類和諧」，形成台灣、大陸與世界的「共和」。

佛光山佛陀紀念館的興建是星雲大師晚年深藏內心與願望的實現。它一面供奉佛牙舍利，供世人瞻仰；另一面眾人可以學習佛陀的慈悲智慧，創造更真、更善、更美的和諧社會。

此一建館工程佔地一百公頃，是一座融合古今與中外、傳統與現代的建築。在佛光山巔，它將閃耀著人類文化與佛教智慧的光芒。

出身貧寒的他，從未學習過寫字。近年因視力模糊，一沾墨就一筆揮就，被稱為「一筆字」。中國藝術研究院院長王文章這樣形容「一筆字」：大師的字超越了俗世「規矩」和「方法」，但卻氣韵流暢；有一種鮮活的靈動之美和深刻的禪意。「一筆字」的書法，近幾年來已在台北、北京、南京等各美術館展出。大師說：「不要看我的字，請看我的心，我有一點慈悲心及一顆中國心」。

他又於二〇〇九年設立「星雲真善美新聞貢獻獎」，肯定在新聞傳播領域，對華人社會有重大貢獻的新聞專業人士；他們堅持理想，建立典範，並發揮社會公器責任。此一貢獻獎的得獎地區除了台灣，已擴及大陸、香港、星、馬。得獎者包括了典範人物獎成舍我、王惕吾、余紀忠；終身成就獎張作錦及教育貢獻獎與傳播貢獻獎等獎項。

二十世紀大經濟學家熊彼德在一九五〇年去世前，他曾經對彼得．杜拉克父子講過這麼一段話：「人們若只曉得我寫了幾部著作及發明一些理論，我認為是不夠的。如果沒有改變人們的生活，你就不能說改變了世界。」

大師六十年來在自己的著述及實踐中，所提倡的「人間佛教」已經改變了人們的生活，也已經改變了這個世界；像一場「寧靜革命」，在海內外和平的崛起。

楚有材於斯為

2006 年春雨的長沙，數百位聽眾在這個充滿史蹟的書院的露天中庭，穿著雨衣，
專心地聆聽大師的講話。

2006 年 3 月，高希均教授（左一）及一行人隨大師赴長沙嶽麓書院。
吳伯雄先生（左五）第一位致詞，高教授最後講話。

2006 年 3 月，大師站在嶽麓書院門口，兩旁對聯「惟楚有材，於斯為盛」。

心靈新地標——佛陀紀念館

•2011 春節上山，十年如一日

當世界出現偉大的新建築時，就變成全球焦點。有一座建築即將誕生，閃耀著文化生命與佛教世界的光芒，那就是——佛光山佛陀紀念館。

這座磅礴建築的擘畫者是星雲大師。這是他多年來深藏於內心一個強烈願望：讓世人感受佛陀的精神。在建國百年的十二月，星雲大師把它獻給台灣百姓、華人世界、全球教徒。

從一九九八年迎回佛牙舍利，發願建館供奉。這座佔地一百公頃，歷時九年，位於高雄佛光山上，即將於今年十二月落成。在這漫長的過程中，我們可以想像這其中經歷了無數的艱辛、無數的心力，及無數的期許。

近幾年我都在佛光山渡春節。每次上山，想聆聽的是星雲大師的話，想看到的就是興建中的佛陀紀念館。每次走到現場，就震撼於紀念館的雄偉；每次離開，心中惦念這座偉大的建築真能如期完成嗎？

最近一次當我漫步在即將落成巍峨的建築群中，不論是仰望中央「本館」，或是遠眺「四聖諦塔」、縱觀「八塔」，從各個角度觀賞，對星雲大師的構思與用心，感動不已。

我不是佛教徒，置身佛陀紀念館的遼闊天地，怦然產生了三種感覺：

第一，這裡的「時間感」悠長

佛陀紀念館供奉佛牙舍利，回歸的是二千六百年前佛陀的教化。不只溯返深遠的佛陀之心，更前瞻於數千年之後，例如「地宮」，就是一個充滿未來觀的設計。

地宮收藏具有當代性與紀念性的文物，讓後世子孫藉以了解先人的歷史。將來每百年開啟一個地宮，四十八個地宮要經過四千八百年，這是多麼浩蕩的時間巨流。

二〇一一年二月，我在現場，參加「地宮珍寶入宮法會」；幸運的是，我有緣得以手捧珍貴文物「五穀磚」，放入地宮。「五穀磚」是來自佛陀祖國的聖物，未來再出土，恐怕已是數百年之後了。這一刻讓我感悟，人類的世世綿延，正是代代接連的。

第二，這裡的「空間感」生動

過去半個多世紀以來，星雲大師把深奧的佛理，書寫成文字，講說成易懂的故事，編作成朗朗上口的歌曲，演繹成感動人心的戲劇；現在，更透過佛陀紀念館的興建，把深奧的佛理，規畫成人人可以親近的空間。

想要禮佛、禪修的人，館內有佛殿、有修行小洞窟。想要參觀藝文展覽的人，館內有美術館。想要享受園林幽趣的人，佛陀紀念館有花木扶疏、山石錯落有致的「祇園」。想要喝水小飲的人，館內有造型優美、窗明几淨的「滴水坊」。

不論大人、小孩、長者，都能在佛陀紀念館，找到舒適的空間。這正是佛光山最能體會人心的地方。所有這些空間之所以令人留戀，就因為它的底蘊是在奉獻與行善。

第三，這裡的「人間感」細膩

我一直記得星雲大師對「人間佛教」的解釋：「佛說的、人要的、淨化的、善美的；凡是有助於幸福人生增進的教法，都是人間佛教。」這樣平易近人的說法，在館裡的「八塔」，看到了具體的實現。

八塔中每一座塔的二到七樓，是珍藏佛教文物的天宮，這是「佛說」的象徵；而每一座塔的一樓，有年輕朋友活動集會的場所，有專屬青少年的設施，有公益基金的社會服務，有接待參訪者喝茶、提供服務的客堂……，這都是「人要」的細膩規畫。

這三種時間感、空間感、人間感，融合了歷史與宗教、信仰與文化、生活與實踐，竟然能奇妙地和諧地匯聚在佛陀紀念館的「實體感」上。

矗立在南台灣的佛陀紀念館，是佛光山的新氣象，更是星雲大師盡一生心力所構造的心靈新地標——啟導世人追求慈悲智慧。

在佛陀記念館的大覺堂，佛光山與天下文化共同舉辦了多次大型的國際論壇與文化活動。
（攝於 2018 年 10 月）

春節期間，佛陀紀念館張燈結綵、熱鬧非凡，已成了許多家庭團圓跨年的新選擇。

已經許多年都在佛光山渡春節。高教授每次春節上山，想聆聽的是星雲大師的話，
想看到的就是從興建到圓滿啟用的佛陀紀念館。（攝於 2018 年 2 月）

•2012「星雲人文世界論壇」創辦會，請來哈佛學者傅高義

人文思維及宗教情操——記第一屆「星雲人文世界論壇」

（一）

二〇一二年六月十六日是歷史性的一刻。在佛光山佛陀紀念館，來自海內外的朋友共同見證了第一屆「星雲人文世界論壇」創辦會的開幕。

創設這個論壇最大的願望就是要融合人間佛教與人文世界。人間佛教就是星雲大師所解釋的：「佛說的、人要的、淨化的、善美的；凡是有助於幸福人生增進的教法，都是人間佛教」。

因此人間佛教的精神是包容、奉獻、捨得、無我。「人文世界」是指人類對多種面向（如文史哲、藝術、音樂）的求知與知識的理性探討。當「人文世界」聚焦於「人本思維」時，就是在提倡人類的平等、博愛、正義、公平。

因此人間佛教與人文世界，所追求的，所提倡的，有很多的重疊，完全可以產生相加相乘的功能。是這個原因，使大師很高興接受以「星雲」之名來舉辦這個論壇。

（二）

當前的台灣，被認為在華人世界中最民主、最擁有中華文化底蘊，以及旺盛民間生命力的地方；但我們仍然擔心社會上的功利與貪婪、自私與短視，財富的創造與分配，人才的培育與流失，以及政治上的對立。大師特別對這種現象憂慮，近年來所發表的一些重要文章，已經引起社會普遍的共鳴。在這一關鍵時刻，台灣社會就更需要注入人文思維及宗教情操。

（三）

第一屆的論壇以「改變」（change）為主題。「變」可能變「好」，可能變「壞」。「改變」通常指「良性的變化」，意含「改革」及「改善」。

勇敢的重大改變可以改善人民的生活品質及社會進步；錯誤的重大改變則帶來人民的痛苦及社會的混亂。

在中華民族的近代史上出現了二位政治領袖，台灣的蔣經國先生與大陸的鄧小平先生，由於他們勇敢的改變與堅持，都改善了人民的生活，家庭的幸福及社會的發展。

十分難得的是邀請到了世界級的哈佛大學傅高義教授，專程來台參加這個論壇。這位精通中文和日文的美國學者，對我們東方人來說，一點也不陌生，他的《日本第一》，不僅在稱讚日本，更在警惕美國。他來台灣，喜歡用中文交談。對他的著作，美國學術界的評論是「呈現一種過人的洞察力。」華文世界的讀者，透過中譯文，可以讀到這本五十五萬字的鄧小平改革，這真是他一生學術生涯的重大貢獻。

另一位主題演講者是大師自己，主講「人間佛教改變了人心」。我曾經這樣歸納過星雲大師的一生——十二歲做和尚，二十三歲到台灣，投下了六十年的心血，開創了一個無遠弗屆的人間佛教，這是「台灣奇蹟」的一部份！他的一生：改革了佛教，改善了人心，改變了世界。

我自己則以「智慧創新改變了社會」，強調「智慧創新」的特質有八：要使用較少的材料、要產生較少的污染、要減少新款式、要以耐久替代時尚、要以簡單替代複雜、要以分享替代壟斷、要以實在替代奢華、要以實用替代講究。這樣的綜效就有較大的可能走向「永續發展」。

現場一千五百餘名聽眾，大概見證了「改革開放」、「人間佛教」、及「智慧創新」所產生的「改變的力量」。經歷了無數的艱辛、無數的心力，及無數的期許。

2012 年，高教授提出以人文為本的「世界論壇」的創辦，正是人間佛教所提倡，大師最後被說服，接受以「星雲」之名來舉辦這個論壇。

2012 年 6 月 16 日，第一屆「星雲人文世界論壇」創辦會，以「看見改變的力量」為主題，邀請到世界級的哈佛大學傅高義教授〈左二〉，右為台北論壇基金會董事長蘇起。

世界論壇 創辦會
的力量
哈佛大學藥學教授
傅高義
遠見・天下

大會中，高希均教授與王力行發行人受文學大師余秋雨之託，將他親自抄寫的書法《心經》和新著致贈星雲大師。

星雲之心——讀《百年佛緣》

•2013《百年佛緣》口述史

（一）透明與無私

讀完十五卷大師口述的《百年佛緣》，就像百科全書那樣地內容豐富、引人入勝，真是傳記的典範。大師每做一件事，都做得盡善盡美。二〇一二年落成的佛陀紀念館以及二〇一三年出版的《百年佛緣》，就是他年近九十的另二個例子。

記錄「佛緣」的書記有一段生動的見證。「這部《百年佛緣》的特質是大師將一己化作燈蕊，以一生的磨難點燃自身，去照亮這百年中的佛教人事物；以自己為布幕，映照書中的每個生命、每一事例，曖曖含光，念念分明。」

因此《百年佛緣》是大師敘述他的生命歷程——不論是生活、社緣、文教、僧信、道場、行佛，娓娓道來，美不勝收；也折射出一個大時代的苦難奮起，——百年來中國的動盪、台灣社會的嬗變、海外華人的處境。

是因為大師內心深處擁有了透明與無私的信念，書中才會記述這麼多人物的交往，這麼多事物的觀察，這麼多改革的推動，這麼多佛緣的分享。

（二）「星雲精神」

六十年來大師的貢獻，呈顯在三方面：改革了宗教、改變了社會、改善了人心。讓我分別以「星雲精神」、「星雲價值」，及「星雲之心」稍做引伸。

「星雲精神」就是不怕困難、不懼挫折，求新求變，曲直向前。最好的實例就是與二〇〇五年暢銷全球的英文著作《藍海策略》（Blue Ocean Strategy）相比。此書的二位管理學者金偉燦與莫伯尼指出：任何組織不可能永遠保持卓越，要打破這個宿命，就是要脫離「血腥競爭的紅色海洋」，去追求一個完全嶄新的想像空間；不再堅守一個固定的市場，要勇敢地另建舞台，另尋市場，另找活水，就能在新發現的藍海中揚帆前進。否則，就會在一池死水中衰退，終至消失。

開創藍海，要有四項策略：（1）「減少」哪些習以為常的因素？（2）「消除」哪些不必要的因素？（3）「提升」哪些需要的因素？（4）「創造」市場上尚未提供的因素？（1）與（2）在節省成本，以擴大需要；（3）與（4）在創造「差異化」與「新價值」，以開拓市場。

會令《藍海策略》作者驚訝的是：他們所倡導的藍海理論，事實上早已有大師與他的弟子默默地在推動：

- 佛光山一直在努力開創人間佛教的「新市場」；
- 與其他宗教常相往來，使「競爭」變得不對立；
- 吸引新的信徒以及創造社會的新需求；
- 以新的事業與願景，增加信徒的熱情及社會的信賴；
- 不斷提升內部人才的培育與外語能力，並且加強內部作業系統。
- 更以不同的說法語言及弘法方式來傳播人間佛教。

這樣的用心、做法、效果，更超越了藍海策略。因此二〇〇五年滿義法師所寫的

《星雲模式的人間佛教》就是「星雲精神」的推廣，即是人間藍海擴大的中文版；更正確地說，星雲大師是人間藍海的領航者，比之英文著作已經先啟航了半個世紀。

更需要分辨的是：企業所追求的「藍海」是企業利潤、個人財富與產業版圖；人間佛教所追求的「藍海」是現世淨土、人間美滿、慈悲寬容。

就是這種藍海策略的「星雲精神」，改革了人間佛教。

（三）「星雲價值」

「星雲價值」進一步「改變了社會」。大師的價值觀，就是堅定不移地推動人人可以親近的人間佛教：佛說的、人要的、淨化的、善美的；凡是有助於幸福人生增進的教法，都是人間佛教。

同時又提倡：給人信心、給人歡喜、給人希望、給人方便。

面對社會的不安，又提倡：做好事、說好話、存好心。

人間佛教的推廣，是透過直接與間接的方式、宗教與文教活動走進人群、走進生活、走進社會及走向國際。大師本人當然是最關鍵的人物，凡是接觸過他的人無不被他的一言一行所感動。

大師又深知人生離不開金錢、愛情、名位、權力，因此又不斷提倡正確的價值：「要過合理的經濟生活、正義的政治生活、服務的社會生活、藝術的道德生活、尊重的倫理生活、淨化的感情生活」。

他自己從不間斷著述立論、興學育才、講經說法、推廣實踐、四處奔波，全年無休。「星雲價值」就這樣地溶入眾人的生活之中，年復一年地變成了社會向上的巨大力量。

（四）「星雲之心」

集「星雲價值」與「星雲精神」於一身的即是「星雲之心」，大師以其一身言行，做到了「捨才有得」、「我不會命令，只會慈悲」、「以出世的精神做入世的事業」、「給人利用，才有價值」。大師常說的十句片語，正表達了「星雲之心」的十個元素：

你中有我，我中有你。（命運共同體）
以無為有，不據為己有。（無欲則剛）
大眾第一，自己第二；信徒第一，自己第二。（老二哲學）
你對我錯、你大我小、你有我無、你樂我苦。（包容、謙卑）
做難做之事，處難處之人。（接受挑戰）
有情有義，皆大歡喜。（追求雙贏）
我不懂管理，只懂人心。（以心帶人）
跟別人結緣，只有真誠的心。（以心交友）
不看我的字，看我的心。（以心寫字）
我有一點慈善心及一顆中國心。（以心為本）

這顆「星雲之心」的全面光輝就是慈悲和智慧。因此大師所到之處，就激起了浪花，掀起了風潮，引發了熱情，創造了改善人心的無限價值。

（五）最後的問與答

一九四九年一位二十三歲的揚州和尚從大陸到台灣，沒有親人，不諳台語，孤苦無援；還被誣陷為匪諜入獄二十三天；但腦無雜念，心無二用，投下了六十年的心血，開創了無限的人間佛教世界。

這位法名「悟徹」的出家人，就是現在大家尊稱的星雲大師。

人間佛教、佛光山、佛陀紀念館、星雲大師都已變成了「台灣之光」。這是「台灣奇蹟」的一部分，這是台灣「寧靜革命」的另一章，這是中華民國開國百年來的宗教傳奇。

在眾人心中，總不免好奇地想瞭解：星雲大師——

- 如何以其智慧，把深奧的佛理，變成人人可以親近的道理？
- 如何以其毅力，再把這些道理，變成具體的示範？
- 又如何會有這樣的才能，把龐大的組織，管理得井然有序？
- 又如何會有這樣的胸懷，在五十八歲交棒，完成世代交替，又如何再在海外開創一片更寬闊的佛教天空？

• 如何能著述及口述近二千餘萬言，並且譯成英、日等二十餘種語言？
• 如何能獲得三十個以上國內外的名譽博士及無數的獎項？
• 如何能在國內外辦多所大學、社區大學、中華學校；又如何能創辦人間福報、人間衛視、多所圖書館、美術館、全球近三百所道場，以及剛落成的壯麗的佛陀紀念館？
• 最後，又如何以其願力、因緣、德行，總能「無中生有」，把人間佛教從一角、一地、一國而輻射到全球？

如果細讀《百年佛緣》全集，大概就可以找到線索及答案。

面對所有這些建樹、成就及榮譽，大師大概會淡淡地說：「所有這些都不是我的，一切都是大眾的。」大師居然沒有自己的書房與書桌，也沒有自己的帳戶及存款。

大師會更堅定地說：「我來世還要做和尚，我做和尚做得不夠好。」

大師心中還有一個與時俱增的掛念：就是兩岸的和平交流與兩岸的和諧相處。

真實的告白
er Hsing Yun
發行｜佛光山宗委會
本 佛光山增訂本
林清玄
林聰明

2013 年 4 月 2 日，星雲大師口述史《百年佛緣》新書發表，於台北國家圖書館舉行，專家學者冠蓋雲集，都認為這是一部敘述大師生命歷程，也折射出一個大時代、引人共鳴的好書。貴賓中有大詩人余光中、黃碧端教授、佛光大學楊朝祥校長、南華大學林聰明校長等。

天下文化也邀請了四十位各界人士閱讀《百年佛緣》，並把他們的感言結集成一本書。

高希均教授在《百年佛緣》新書發表會場。

貧窮是莫言獲得文學桂冠的動力——星雲大師及諾貝爾獎得主的交集

•2013 第二屆「星雲人文世界論壇」，請來諾貝爾文學獎得主莫言

（一）貧窮的磨練

二〇一三年九月十五日「第二屆星雲人文世界論壇」在佛陀紀念館舉辦，主題是「看見夢想的力量」。分別由星雲大師、莫言先生與我從宗教、文學、經濟教育三個領域主講，現場有近兩千位嘉賓與聽眾，盛況空前。

大師生於揚州；莫言生於山東高密。在那個動亂的年代，年齡相差二十八年，地理相距八百公里，生活則是一樣艱困。莫言先生在美國史丹佛大學演講時，形容六〇

年代初期的中國大陸：「人民吃不飽穿不暖，幾乎可以說是在死亡線上掙扎……長期的飢餓使我知道，食物對於人是多麼重要。因為吃我曾經喪失過自尊，因為吃我曾經被別人像狗一樣地凌辱，因為吃我才發憤走上了創作之路。」

莫言先生是完全靠家鄉土地的養分，靠農村貧窮的磨練，靠自己發憤地寫作，攀登了世界文學的巔峰；他是唯一「土生土長」的諾貝爾獎得主。

在天下文化出版《盛典》的書中，記述今春在北京第一次與大師相會，「感受到大師的護持與提拔」、「此生雖不能落髮為僧，但多讀佛典、多結佛緣，應是今後身體力行的功課。」

（二）素描莫言

在論壇開幕式中，我請莫言先生把台灣看成另一個家，把佛光山當成另一個書房，把社會大眾當你的新讀者；你的身影、故事、作品要常常出現在這裡。稍後他在演講中指出：「安放身體的住處容易找，安放精神的家不容易有，佛光山是我第一個家。」現場響起了熱烈掌聲。

我以八句短語來素描莫言先生一生的經歷：

（1）一個在山東高密五十八年前出生的農民兒子。

（2）一個小學五年級就失學的幼童。

（3）一個在飢餓中掙扎的童年。

（4）一個受「每天能吃餃子」的誘惑想做作家。

（5）一個很會寫故事的作家在一九八五年後（三十歲）冒出。

（6）一本本以傳說、寓言、歷史、當代、幻覺、現實的小說，逐漸震驚中外文壇。

（7）一項項中外得獎紀錄快速累積，著作譯成多國語言（英、法、德、瑞典、日文等）。

（8）一位偉大作家背後有一位默默支撐的妻子——農村長大的杜芹蘭。

二〇一二年十月瑞典諾貝爾委員會宣佈：中國的莫言是這年度諾貝爾文學獎得主。《盛典》一書記載了他與家人去斯德哥爾摩現場的全紀錄：親切、生動、輝煌、感人。

（三）文明社會的典範

得獎後莫言先生寫著：「一方水土養一方人」，最令他感念的仍是高密的父老鄉親。「盛宴已散，我心已歸」。這位作家仍然要拿起一枝筆，「努力忘掉那個諾貝爾獎，做一個回到人群中的普通人」。

星雲大師一直謙稱：「我是一個和尚，我做得不好，我來世還要做和尚。」又說：「所有這些都不是我的，我一張書桌都沒有。」大師「以無為有」、「以空為樂」。

幾世紀以前，西方學者就指出：「一旦人類開始嚮往文明社會，就無法拒絕它的誘惑。」歐洲文明自中世紀以來，宗教家與文學家都受到極大的尊敬。我們何其幸運，台灣有一位偉大的人間佛教的實踐家，大陸有一位偉大的文學家；而他們又是如此地謙卑，真是我們走向文明社會中大家應當學習的典範。

上｜第二屆「星雲人文世界論壇」，2013 年 9 月 15 日在佛光山舉辦。

下｜星雲大師特聘諾貝爾文學獎得主莫言為「佛光山佛陀紀念館榮譽文學家暨駐館作家」，成為佛陀紀念館首位駐館作家。

上｜右起：高希均教授、莫言、星雲大師、王力行發行人

下｜莫言與大師投緣，說佛光山像家。

• 2013 星雲大師詩歌集

大師原來一直是位詩人——星雲大師詩歌集策畫緣起

（一）前記

二〇一二年十二月十日在瑞典諾貝爾獎頒獎典禮上，介紹來自中國的今年文學獎得主莫言先生的第一句話是：「莫言是一位詩人……」。

從六十年前刊出的長詩「無聲息的歌唱」，到最近剛完成的「佛陀，您在哪裡？」原來大師一直也是一位詩人！

星雲大師一生著述逾二千萬字，《詩歌人間》是他一生中第一本出版的詩集。

這不只是一本詩集，更是一本以文學的筆尖，記錄宗教、歷史、人生、地球的心靈之旅。

諾貝爾文學獎得主莫言先生受星雲大師邀請來台，出席二〇一三年九月十五日第二屆「星雲人文世界」論壇。我們忝為論壇的合辦人，偕同大師接待莫言先生一家人的到訪。

初抵佛光山之時，莫言先生看到了南台灣的秋日夕陽，遍灑佛陀紀念館的禮敬大廳三樓，窗外有著座落在本館後方的巨大佛像。在夕陽餘韻下，閃著光芒；大師座旁的莫言先生，談著他的佛法因緣，我們和法師們一同見證文學與佛光的初遇。

談興正熾，大師請了座前的妙廣法師吟誦他剛完成的一首詩：「佛陀，您在哪裡？」悠遠意長的提問，是對浩瀚宇宙時間與空間的問訊，遠方蜿蜒的高屏溪，人間款款，自然之色皆同和於法師的音律之中。

聆賞片刻，心寬清明，這股大開大闔之氣勢下，我們突發一想，何不為星雲大師編一本詩集！今日與莫言及大師同座賞詩，已是千古之響，如以同為千古之功的書籍相映，見證這段因緣，佳話美事。

承大師慨允，由佛光山法堂書記室收錄大師弘法一生的詩、歌、祈願文、菜根譚四種文體的作品，交由天下文化編印《詩歌人間——星雲大師第一本詩集》。當日短暫的詩歌饗宴，延伸到大師一生詩集的出版，這真是萬千海內外讀者的福氣！

（二）

二〇一三年初，星雲大師口述歷史《百年佛緣》出版，大師用詩的形式，寫了一篇後記，這首詩長達二百九十三行，涵蓋了大師一生最重要的故事。

他是這樣破題的：

「有人問我今年幾歲？
我反問地球：您活了多久？
地老天荒，我在哪裡？
萬千年的流轉，我又在何方？」

這不就是每一個人對生命來到世上發出的「天問」嗎？

接著大師又敘述：

「在我近百年的歲月裡，
南北東西已不是地老天荒；
是在六道裡流轉？
是在法界裡流浪？
問往事記載，已一片蒼茫；
這八十多年的歲月，
我歷盡了多少滄桑。」

於是，少年的磨難、出家的因緣、叢林的聲鳴、渡海的艱難、受屈的辛酸、貴人的溫暖，乃至無畏的弘法，從蘭陽佈教、壽山建寺，一步步開創出佛光山，以及遍布全球五大洲的佛光事業，在大師的筆下，如行雲流水，時空倒帶，歷歷分明在讀者的眼前。

最後，大師寫道：

「吾母送子入佛門，

要在性海悟法身；
兒今八十有七歲，
弘法利生報親恩。
我在心靈的深處訴說著：
天下為心，法界悠然；
盡未來際，耕種心田。」

無論高唱低吟，浩浩湯湯，最後還是回到了一念三千、三千一念的初心，令人低迴不已。

（三）

詩歌的優美所發出的力量是直接當下的感動，從蒐集古代先民傳唱歌謠的《詩經》開始，詩歌就是最坦誠的心靈、最真實的生活、最易懂的語言、最自然的唱腔所流露出來的結晶。人們用詩歌來抒懷、詠嘆、表情、達意，原本都不是為了闡述長篇道理，而是把我的意思、我的心情說出來、唱出來讓你了解，希望你懂了、受用了、感動了，用同樣的方式來酬答、應和。如果詩歌與眾人心意相通，轉述傳唱，一音百和，自然就形成了流行，形成了感染力，這比任何的教化，更能藉朗朗上口，深入人心。

星雲大師雖自承佛教的唱誦非他所擅長，但他深知詩歌的力量。早年在宜蘭傳教弘法時，就成立佛教青年歌詠隊，他親自寫歌詞，請人譜曲，難得的是，這裡面有不少是他到宜蘭之後新學的閩南語歌詞。可見他是如何努力克服語言的障礙，藉由詩歌與在地人融合一體。

一直到現在，佛光山都有「人間音緣」團體，他們所唱的有許多都是大師創作的詩歌。

從年輕時筆耕不輟，大師不僅利用夜晚時間，孤燈下完成小說《玉琳國師》（佛光山開山購買土地的經費一部份就來自於此書版稅），也用筆名寫詩向雜誌投稿。一九五三年六月，一篇作者署名「摩迦」的長詩〈無聲息的歌唱——為「物語」作序〉，刊登在《菩提樹》雜誌上，這首詩有個片段寫出家人的隨身物【缽盂】：

「塵世之路，
有伴侶陪著寂寞，

方可邊走邊笑，

『村犬吠不休！』」

多美的文學意境，當時的大師是位詩人啊！

至今，大師仍在寫詩。二〇一三年一月，他寫了「星雲・和應余光中先生〈行路難〉」：

「……………

春有牛首　秋有棲霞
雨花紅葉　回首難忘
欲去江西
一花五葉
禪門五宗的文化
至今人人都嚮往
江西得道的馬祖禪師
洞庭湖的石頭和尚
多少人在『江湖』來往

江湖一詞
生活的榜樣
臨濟兒孫滿天下
廬山的景光迷濛
何愁江西無望
……………」

弘揚佛法普照全世界的星雲大師，依舊是一位詩人。

（四）

天下文化曾經出版過星雲大師的傳記《傳燈》、《雲水日月》、《星雲八十》，以及闡述大師思想及信仰根源的《星雲模式的人間佛教》，都得到了海內外讀者的熱情迴響。

這本詩集包含了四個部份：1.詩；2.歌；3.祈願文；4.佛光菜根譚。後兩部份是讀者比較熟悉的：祈願文完全以白話文書寫，淺白中蘊藏深切的慈悲；佛光菜根譚比古人的菜根譚更貼近現代社會需要，實用中含容無限的智慧。前二部份會使讀者驚喜，大師不僅是一位大家熟知的宗教家、教育家、實行家，更是一位詩歌的創作者。一位用生動易懂的文字，傳遞深奧佛理與生活哲理的人間詩人！

大師的詩從二十世紀寫到二十一世紀，這本《詩歌人間》，在人間佛教無限寬廣的路上，會變成永遠的「人間詩歌」。

《詩歌人間》2013年12月16日出版。

2013 年 12 月，高教授送上為大師編印的《詩歌人間》。

封面是李自健為大師畫的《春滿人間》畫像。

國際著名畫家李自健（左）與高希均教授。（攝於 2013 年 12 月）

•2015 星雲學說與實踐

人間佛教的繼往開來——讀「星雲學說與實踐」

（一）「星雲學說」聞世

二〇一五年春天，星雲大師弘法逾六十年。滿義法師繼二〇〇五年發表《星雲模式的人間佛教》一書之後，盡十年之力，又完成《星雲學說與實踐》這本更重要的著作。「星雲學說」的提出，將會是佛教發展史上一本承先啟後的著作。在「學說」與「實踐」的相互輝映中，它樹立了人間佛教對人類貢獻的里程碑。

半世紀以來，大師對人間佛教的理論不斷地在探索、構建、驗證；也持續地在應用、推廣、革新。大師在序言中謙稱：「人間佛教不是他或太虛大師等創立，探本究源應是釋迦牟尼佛的學說。」

「學說」是發現的理論架構，具有統合性、開創性、趨勢性、驗證性的特質。「星雲學說」就是針對人間佛教的緣起、發展及實踐所提出的立論。

這本大家等待已久的著作，正是大師半世紀來苦思與實驗人間佛教的心路歷程。它歸納了大師一生對佛學理論的思辯與創見，以及實踐上的相互擴散。透過滿義法師的佛學素養，嚴謹的求證注釋與清晰的思路與文字，讀者很容易親近這本著作。

細讀這本新著，讀者終於能了解為什麼星雲大師會被海內外人士共同認為是經濟發展中，另一個「台灣奇蹟」；社會變動中，另一次「寧靜革命」；更是二十一世紀「中國崛起」外，華人世界另一種「和平崛起」。

（二）「星雲學說」的四項論述

使我驚喜的是當我閱讀《星雲學說與實踐》時，從「緒論」開始，就充滿了可讀性與吸引力。雖然自己對博大精深的佛學所知太少，但大體上還能有所領悟。書中不斷引證佛學理論，又不斷注入人間佛教的實踐例證，使讀者領悟：是這樣的知行合一，才使得半世紀以來，大師能夠在海內外引領時代思潮，走向擴增人生的幸福與安樂。

「星雲學說」是建構在「四項論述」之上：

（1）「佛性平等」：學說的立論根本。

（2）「緣起中道」：學說的真理闡揚。

（3）「自覺行佛」：學說的修行落實。

（4）「轉識成智」：學說的目標圓成。

大師認為：「佛性平等」是佛法的核心，當初佛陀成道時，曾發出「大地眾生皆有如來智慧德相」的宣言，宣示眾生都有佛性，都應該享有「平等」的生存權利，都應該被平等對待。

佛性人人本具，佛性是不生不滅的永恆存在；相對的，世間一切都是因緣所生法，隨著緣生緣滅而示現「苦空無常」，因此我們在面對現實的人間生活時，要有「緣起中道」的智慧；能夠了悟「緣起性空」的諸法實相，從而建立「空有一如」、「真俗不二」的中道思想觀，並且落實在日常生活中，透過「自覺行佛」的實踐，最後才能「轉識成智」，才能圓滿生命。

書中的附圖對「星雲學說」與實踐提出了簡明清晰的圖解，有助於讀者理解學說之脈絡及實踐的範疇。

這就是說，星雲大師所弘揚的人間佛教，既有根本佛法的思想理論，又有大乘佛教的實踐之道，其嚴謹的思想內涵及組織架構早已形成一門體系完備的「思想學說」。

（三）「學說」導引下的求新求變

這本新著可以解釋多年來大家在思索而似乎難解的問題：

- 星雲大師如何以其智慧，把深奧的佛理變成人人可以親近的道理？
- 星雲大師如何以其毅力，再把這些道理變成具體的示範？
- 星雲大師又如何會有這樣的才能，把龐大的組織管理得井然有序？
- 星雲大師又如何會有這樣的胸懷，在五十八歲就交棒，完成佛光山的世代交替？又如何在交棒之後，再在海內外及大陸另創出一片更寬闊的佛教天空？
- 星雲大師又如何以其願力、因緣、德行，總能「無中生有」，創辦國內外五所大學，又能把佛教從一角、一地、一國而輻射到全球，特別是中國大陸？

大家想知道的答案，在過去相關大師的著述中，已獲得了不少線索。現在從這本新著中終於有了一個更完整的宏觀解釋。

那就是因為大師對人間佛教的理論有深邃的領悟與信心，因此就能在「不變」之中「求新」「求變」「求突破」，也就能改革陋習，擺脫守舊，走一條與傳統宣揚佛教不同的道路。

滿義法師對大師說法時的神情、態度、開明、機智、熱情、方法……有生動的敘述。他說：大師——

- 詮釋佛法的語言很人性化，他的佛法沒有教條，也不標榜神通靈異，親切的從人的立場出發，獲得啟示與受用。
- 說法善於舉喻說譬，常利用故事、公案，藉以詮釋深奧的道理，令人心開意解。
- 說法理路清晰，前後有連貫性，簡潔扼要，不會離題漫談。
- 說法機智幽默，一句話就常能回答一個難解的問題。
- 言行一致，一生信守承諾，所開示的佛法都是自己躬親實踐過，所以說來令人信服。
- 講話圓融，客觀中肯，總能令舉座皆大歡喜。

- 為人慈悲厚道，從小就學習「口邊留德」，不責怪別人，溫厚的性格，總是令人如沐春風，凡是與之接觸過的人，無不被他的誠意感動。
- 將信仰與事業結合，使信仰佛教的人口逐漸「年輕化」、「知識化」，改變過去一般人對佛教的觀感。
- 首開興辦活動之風氣，透過「多元」活動，發揮「寓傳教於活動」的弘法功能，讓佛教走向社會，改良風氣，再走向國際，讓五大洲因佛光山而認識中華文化。

（四）「人間性格」增進「人間紅利」

人間佛教有了「學說」的根據，有了「實踐」的方法，又有一位擁有空前群眾魅力的星雲，佛光山的影響自然無遠弗屆。

大師的弘法歷程起自棲霞山寺受戒，在宜蘭窮困中起步，從高雄佛光山立足，帶領徒眾出發，以無比的信心與智慧，一步一腳印，把人間佛教傳播到世界各地。其中最關鍵的一個原因，即是這位揚州和尚擁有與生俱來的「人間」性格。這個無限遼闊又融入眾生的「人間」性格，充滿了說服力、執行力。再延伸出、放射出、推展出無人可以同時兼有的大眾性格、文化性格、教育性格、國際性格、慈善性格、包容性格。

因此，佛光山自開山以來，不分地區、膚色、年齡、性別、教育、所得、甚至宗教，堅持以融和與喜悅之心，推動文化、教育、慈善、共修、公益、社教等的事業與活動，打造「安樂富有」的人間淨土。

這正是我近年來嘗試把佛光山的貢獻涵蓋為「人間紅利」這個概念。

「紅利」（dividend）本是一個商業名詞，形容「資金的回收」。自從西方世界八〇年代出現「和平紅利」（Peace Dividend）一詞後，已被廣義地解釋為：增加人民及社會福祉的政策，所能帶來有形及無形的回饋、利益、好處等。如以和平替代戰爭為例，則個人生命、時間、國防支出、資源浪費等就可移做更好的使用。

因此大師推動的人間佛教所提倡的理念，即以「做好事、說好話、存好心」而言，已經帶給海內外無數的信徒、民眾，以及各界領袖珍貴的「紅利」——這種無形財富可以包括人格昇華，邪念改正，善良提倡，財富分享，鬥爭減少……。

再以二〇一五年三月博鰲亞洲論壇為例，大師在主題演講中，提出現代社會需要佛教做出四個貢獻：佛教希望（1）人我和諧，不對立；（2）同中存異，不異中求同；（3）中道緣起，相互尊重；（4）和平共存，不要戰爭。

大師所提倡的入世的、與人民福祉結合的人間佛教，為世人帶來的難以估計的「紅利」，是為「人間紅利」。

2005 年，滿義法師發表《星雲模式的人間佛教》一書，高希均教授主持導讀。

2015 年 5 月 13 日，《星雲學說與實踐》新書發表會，左起：胡志強、李紀珠、高希均、慈惠法師、滿義法師（作者）、趙麗雲、林聰明、王力行、覺元法師。

•2015 兩岸慈悲創和平紅利

慈悲的思路．兩岸的出路——共建民主品質．人民幸福．兩岸雙贏

在「痛定思痛」的年代，星雲大師慈悲包容的思路，透過趙無任深刻生動的文筆，指引出了一條穿越「民粹死巷」，走向民主提升，人民幸福，兩岸雙贏的出路。

（一）出現了另一位「參選人」

二〇一五年六月三十日在《人間福報》第一次讀到趙無任的文章，就被其標題及論點吸引：「選舉大樓的成功與倒閉」。

文章中寫著：「建樓的人，在那裡默默的為社會、為經濟、為大眾打拚，他們都沒有聲音；但拆樓的人，他們的聲音響亮，在那裡吼叫、呼喚、機械嘈雜、樓倒頂塌，實在亂七八糟。」「這個世間上總要有人出頭，就像一個大樓有個頂，總要有人登頂……你為什麼不助成大樓的興建呢？……高樓倒了，對你有什麼好處呢？正值選舉的時候，希望蔡英文、洪秀柱會倒閉的人，你們可以思之思之。」

沒想到七月一日又讀到第二篇：「讓台灣兩黨有十萬個總統候選人」；七月二日又讀到第三篇：「兩位女性競選總統是台灣的榮耀」。這樣的連載就立刻引起了大家高度的關注。見了面問：「誰是趙無任？」猜測的範圍很快就集中在星雲大師身邊的大弟子及他自己。如果是他自己，在他全年無休每天工作不停中，哪有時間與腦力，寫出一篇又一篇，一千多字到三千字的文章，三個月來沒有間斷；內容上所環繞「選舉」的角度是那麼多元，引證的典故是那麼豐富，敘述的方式是那麼貼近現實，傳達的訊息是那麼地令人動容。

因此，有人說：「趙無任」變成了這次總統大選中另一位「參選人」——參加選舉理性討論，提升選舉品質的「無名氏」。大家不知道他在哪裡，但他的評論已經不斷地擴散、流傳、轉載、討論；他一夕之間變成了可以影響選民的「無形力量」。更有人說：「趙無任要出來競選，我投他一票。」

當友人問起「誰是趙無任？」時，我說：「他憂慮台灣民主的沉淪、兩岸合作交流的變數、中華民族的前景；他的看法實在是代表了絕大多數沉默者的心聲。」

（二）謎底揭曉

謎底終於揭曉。九月五日星期六晚上，佛光山上舉辦一場論壇，題目是：「趙無任的啟示」。受邀的有：台灣與大陸學者各一，《人間福報》社長及我自己，主持人是王力行。九時正就在討論結束那一刻，大師突然出現在現場，千餘位現場聽眾及弟子站起來，在驚喜中報以熱烈的掌聲，久久不停。他剛從大陸演講回來，從桃園機場趕回佛光山，他向大家說的第一句話是：「趙無任就是我。」又是熱烈的掌聲。原來兩個多月來，每天讀到「台灣選舉系列評論」的趙無任，真的就是星雲大師自己。那一天發表的文章題目是：「什麼資格才能成為『台灣人』？」。

當他出現在眼前時，我們看到了一位年近九十，永不放棄的長者，聽到了有些微弱，但堅定的聲音，想到了人間佛教在他六十年耕耘下的影響力，又達到另一個高峰。

取名趙無任，大師的想法是：「趙」為百家姓之一，代表的是「大家」，「無」是「無我」，「任」是「責任」，合起來是「一個無私、有責任感的老百姓」。這真是一個平民非常平實的自我要求。

次日清晨，很難得幾位友人去到大師寫一筆字的房間。此刻大師已在長長的書桌上，寫了幾幅字：「佛」與「禪」；每個字是那麼厚重挺立。突然間我想到：「大師如果你題『趙無任』，將來出書時，會是一段佳話。」他果然微笑點頭，當場書寫了「趙無任」三個字，並題上星雲。那是歷史性相遇的一刻：「趙無任」出現在大師的一筆字書法中；趙無任的憂慮化解在星雲大師的慈悲之中。時間是二〇一五年九月六日上午八點三十四分。

（三）有思路，就有出路

二〇一五年十月上旬，天下文化與《人間福報》將把趙無任七十篇文章，編集成書，暫定的書名是《慈悲的思路・兩岸的出路》；大師一筆字書法的「趙無任」會首次出現在這本重要著作中。

「趙無任」不再是個「謎」，筆名給了大師更多發揮的空間；「台灣選舉」在趙無任的筆下，不應當再是個死結。大家認真地細讀這本書，台灣的民主品質與社會和諧就會有轉機。

這本著作的論點是跨黨派，跨族群，跨世代，跨宗教。凡是對台灣選舉、兩岸交流及社會長期發展有利的觀念，大師都提了出來，供大家一起來思考和討論。

尤其在選舉前夕，這不是一本「政治正確」之書，這是一本「慈悲思路」之書。

如果因為這本書的說服力，產生了良性的反省及改革的力量，那麼對民主失去信心的台灣選民，也許在這次選舉落幕後，會漸漸地發現：府會關係在逐漸改善；媒體及民代減少了起鬨及作秀，評論時出現理性的平衡；「利益團體」不會明目張膽的利益勾結；爭取人權與自己利益的同時，不會傷害沉默大眾的利益；除了照顧低所得及弱勢團體外，「有能力的人多付稅」，變成了一種可能。這是一條台灣民主應當要走的康莊大道。

很多人相信：有佛法，就有辦法；很多人也相信：有思路，就有出路。這真是我們出版這本著作的願望。

2015 年 10 月，星雲大師以「趙無任」筆名發表的文章結集出版，他盼望兩岸慈悲共同救台灣。左起：天下文化副總編輯吳佩穎（此書主編）、星雲大師、高希均教授、王力行發行人。

2015 年，《人間福報》出現趙無任的文章，誰都沒想到，趙無任是星雲大師的筆名。9 月 6 日，大師以一筆字書法簽名。

取名趙無任，大師的想法是：「趙」為百家姓之一，代表的是「大家」，「無」是「無我」，「任」是「責任」，合起來是「一個無私、有責任感的老百姓」。

•2016 星雲九十

「星雲九十」的懸念——台灣社會與兩岸關係的不確定

（一）問題與暗流

從不慶祝自己生日的星雲大師，幾天後即將年滿九十。我們把二〇一六年尊稱為「星雲九十」。

一世紀以來，他經歷過中國從貧窮與戰亂中脫胎換骨，變成世界第二大經濟體；他也體驗過台灣從光復初期的百廢待舉，創造了受國際讚譽的「經濟奇蹟」；自己更走過台灣這塊土地上的每一個角落。正因為無法忘記一九四九年初到台灣身無分文，難以立足的艱困歲月，更激發了他推展人間佛教的決心與熱情。

來台六十七年、佛光山成立五十年後，大師開創的人間佛教，已輝煌地屹立於高雄的佛光山上，向華人社會及世界各地放射出慈悲與智慧的光芒。

此刻最令大師憂心的竟然不全是人間佛教的發展，而是台灣進步中出現的問題，以及兩岸關係發展中的暗流。

（二）長期衰退的可能

全國人民必須要面對一個可能的發展，不論今天是哪一個黨在執政，台灣此刻正走向：

（1）經濟長期衰退
（2）社會長期不安
（3）人心長期浮躁

埋下這個種子的重要原因是：民主這個制度，就如在歐美國家一樣，已無法有效治理一個中產階級萎縮、貧富差距擴大、工作機會減少、意識型態分歧、利益團體偏執、民粹與網軍竄起的社會。因此從歐美到第三世界，都出現了各種形式的罷工、示威、抗議；甚至流血政變、商場爆炸、群眾屠殺、難民流竄等等。沉默的「大多數」被邊緣化了；敢發聲的「極少數」變成了「大多數」。

當前台灣社會最缺乏的，已不再是缺水、缺電、缺土地、缺人才、缺資金、缺立法、缺市場、缺工作、缺創新……。

台灣也不缺產業振興方案、自由貿易區方案、都更方案、捷運方案、年金方案、長照方案……所有這些方案都因政治對立而接近停擺，或者是被利益團體分割得支離破碎，面目全非。很難使人相信台灣經濟由權威主導（一九八〇年代）變成民粹主導（一九九〇年代）後，其衰落會如此地快速。

社會上出現的各種爭議包括了課綱、年金、低薪、工時、司法、稅率、肥貓、獨佔、壟斷、房價、電費、統獨、服貿、陸資、陸生……數不清，也講不完。

四個當前令台灣產官學界窒息的現象：

（1）國內政黨之間缺少共識；兩岸之間缺少互信。
（2）政治人物缺少包容與謙卑。
（3）社會氛圍缺少和諧與妥協。
（4）對國家前景缺少堅強有力的領導方向。
這些缺失的綜合結果使台灣將難以扭轉這一蹶不振的頹勢。

（三）國泰民安

最能救台灣的不再是從事政治的、經濟的、高科技的……而更是君子、清流、教育工作者、社會志工，以及星雲大師六十餘年來所推廣的人間佛教。

多年來讀大師的文章，似乎可以歸納成幾項，提供大家共同追求：
（1）人間有一種願景，稱為美好社會。
（2）人間有一種覺醒，稱為捨得放下。
（3）人間有一種堅持，稱為消除仇恨。

（4）人間有一種希望，稱為和平相處。

（5）人間有一種美德，稱為慈悲智慧。

去年秋天大師在《慈悲思路．兩岸出路》一書中指出：「我一生愛中國、愛台灣、愛中華文化，我和大家過去的祖先一樣，在怒海餘生中來到台灣，因此惟願國泰民安，別無他求。……假如我們兩岸慈悲，共同以中華文化救台灣，還怕未來沒有出路嗎？藍綠兩黨如果也有慈悲，還怕未來沒有好的希望嗎？」

大師對生死的看法一向是：「人的一生，活的歲數不重要；重要的是留下來的生命意義。」

星雲大師既活得久，又散播出生命的意義，樹立了生命的標竿，真是百年來難得出現的人間典範。

我們要共同努力，不能讓大師九十的懸念，變成百年之痛。

右｜ 2016 年 10 月底，星雲大師九十歲生日剛過，突發腦溢血中風，在復健期間，
高教授有近十次的探望，還專程與王發行人及幾位同事去宜興大覺寺。

左｜高教授去宜興大覺寺探望大師。

2017 年病中的大師，最憂心的不全是人間佛教的發展，而是台灣進步中出現的問題，以及兩岸關係發展中的暗流。

2017 年 4 月 14 日，高教授見到脫離危險期的大師，開心無以言表。

在「揚州講壇」演講紀錄

•2017 來到大師的家鄉：做客「揚州講壇」

各位星雲大師的鄉親，各位朋友，今天你們難免有些失望，因為站在這裡的不是大家等了一年的星雲大師。很可惜，星雲大師因為腦部手術，醫囑需要一段較長的時間休養。昨天下午（二〇一七年四月二十二日），我們到了揚州，打電話給大師的弟子，大師在邊上接電話跟我說：「高教授，你到了揚州很好，揚州是我的家鄉！」

我們為他，也為揚州驕傲。電話掛了不到五分鐘，大師又打來電話：「高教授，我身體一好，就要到揚州看他們！」

你們看，這是一張四月十四日拍攝的照片，大師請我們到佛光山，介紹佛光山的建設。

二〇〇九年四月，我參加了「揚州講壇」，現在已經是二〇一七年，過了七、八年的時間，我也進入了「八十後」。我今天非常高興，與大家分享近三十年來，我所認識的星雲大師。

我現在過了八十歲，大師過了九十歲，我們相差十歲。我八十年裡，四十年在大陸、台灣，四十年在美國念書、教書。

一九四九年，我十三歲，跟家人到了台灣。當時二十三歲的星雲大師坐船到了台灣，他濃重的鄉音，很少有人能聽得懂，又身無分文，一個人在那裡奮鬥。而現在，佛光山成了人間佛教的重要發源地。超過三十所世界著名大學授予大師名譽博士。

為什麼星雲大師過去六十年，創造出了這麼大的成就？就在今年的五月十六日，藏經樓將在佛光山落成，《星雲全集》將正式發表，一套三百六十五本，這是大師一生寫的書。哪位作家能寫這麼多書？現在，出版印刷機構正在加緊印刷。

我在美國念書與教書，我是書生，以書為生，寫書、出書、評論書、推介書，一生與書為伍。我寫過二十多本書，但此前我從沒有一本書寫過一位人物。我念的是經濟學，經濟界也出了很多著名人物。我唯一寫的就是《星雲之道》。我寫這本書，不是寫我對佛教有多深的了解、創見，而是三十年來，有機會親近星雲大師，聽了他的演講，看了他的書，以及與大師的交談，我寫的是星雲大師的言行。如果你也接觸了星雲大師，那是何等幸運。

二〇一二年，我們天下文化出了一本書，選出百年來，對中國有偉大貢獻的人物，二十位，書名叫《百年仰望》，其中兩位健在，一位是楊振寧先生，一位就是星雲大師。央視評選全球十位最有貢獻的華人，星雲大師為首選。

與大師近三十年的深厚友誼，我深刻感受大師的言教與身教，這是我一生的幸運。

大師來自貧困家庭，沒有念完小學，十二歲出家。放在中華文化中，大師是君子中的君子。大師擁有四項才能。敏銳的洞察力、強烈的說服力、堅毅的執行力、巨大的擴散力。大師是宗教改革家、創意大師、教育家。我教了一輩子書，好像做了貢獻，但和大師相比是何等渺小。大師建了五所大學，兩所在台灣，一所在美國，一所在菲律賓，一所在澳大利亞。一年可以栽培那麼多人，而且是非常非常低的學費，還有很多獎學金。

星雲大師的特質，更能贏得人心。富豪有錢，大師有心。大師一生累積及散發無形財富。「無形」財富，如慈悲，比「有形」財富，如金銀，更重要。給別人無形財富比給有形財富更持久。無形財富用不完，有形財富用完就消失了。大師全年無休，終身義工。大師走的是一條智慧的路、奉獻的路、人間佛教的路。

大師的智慧高，但不是高不可攀；大師的道理深，但不是深不可測；大師的囑咐多，但不是無所適從。大師的成就，不是來於機運；他的志業，不限於宗教；他的影響，更不限於台灣。大師的貢獻早已超越宗教，超越了台灣，飛越時空。

大師的核心力量就是慈悲和智慧。因此，大師所到之處，就激起了浪花，掀起了風潮，引發了熱情，創造了人間佛教改善人心的無限價值。

2012 年出版的《百年仰望》，選出百年來對中國有偉大貢獻的人物二十位，其中兩位健在，一位是楊振寧先生，一位是星雲大師。

2017年4月14日，高教授和王發行人探望病後復健中的星雲大師，大師帶領，兩部輪椅一起巡山。這張照片十天後高教授發佈在「揚州講壇」。

2017 年 4 月 23 日， 高希均作客「揚州講壇」，演講中公布大師近況和最新照片，大家放下一顆懸吊的心。高教授在會中宣布《星雲大師全集》365 冊即將出版，

「揚州講壇」從 2008 年開始設於揚州鑑真圖書館，面向全社會開講。
主講者多是星雲大師直接邀請的文化界名家。

2017 年 5 月《星雲大師全集》365 冊出版，高教授和夫人劉麗安女士立刻典藏一套，並陳列於台北「人文空間」（大師題字）。

•2019 大師病後新書：我不是「呷教」的和尚

「給」是星雲大師的「初心」與「一生實踐」——不要佛教養我，我要佛教成長

（一）「大師說話了，記得了，寫字了」

這是星雲大師病後的第一本書，真是珍貴得難以置信。一如去年八月大師在南京第一次展出「病後一筆字」，令人驚喜。

我何其幸運都在現場。那次展出的南京，是我的出生地；這本新書與「天下文化」合作出版，更是先睹為快。回顧二〇一六年十月三十日，星雲大師應允在我們遠見十四屆華人企業領袖高峰會擔任重要的講話及頒獎。講話前夕接到弟子電話，大師因

腦溢血須立即開刀。這真是太大的意外。覺培法師臨時趕到大會現場，講述大師理念，清晰動人，引起熱烈迴響。

當時的《聯合報》曾以頭版頭條報導十月三十一日大師「中風住院動刀，血塊如拳頭大」。做為一個《聯合報》長期讀者，從未讀到過對一位民間領袖，有如此地重視。星雲大師早已是一位受人推崇的國寶級導師。

多年來「與病為友」的大師，已把「病」看成「朋友」，和平共存；把「死」看成「因果」，早已置死生於度外。但是這次腦部大手術非同小可，手術成功後，大家放下了心；但復健之路，誰都不敢多想：如果大師是活著，但失去了記憶及說話的能力，這對一生永遠樂在工作的大師，該是何等的折磨？

大師的復元速度遠遠超過陳肇隆醫師率領的長庚醫療團隊的最樂觀的估計，這是醫療史的奇蹟。術後幾個月，大師康復的進度，逐日加速。

「大師說話了」「大師記得了」「大師寫字了」，每次弟子傳來這些好消息時，都使我激動不已，急著想去探望他。前年夏天弟子打電話給我，轉達大師的話「你們告訴高教授：很想念他。」這讓我克服「不敢打擾大師」的猶豫，急著上山去探望大師。

在大師復健中，有近十次的探望，還專程與王發行人及幾位同事去大陸的宜興大覺寺。大師在那幽靜遼闊、後有竹山、前有雲湖的祖庭休養，真如人間仙境。每次探望都留下了有價值的照片與札記。

（二）一本「小書」，又是一本「大著」

這本新書的厚度，與大師一生三千多萬字的著述相比，是「小書」；但所提倡的理念則是「大著」。樹有根水有源，大師正本清源地在自問：做和尚的初心是什麼？根本的動機在哪裡？

年逾九十的大師在高雄的佛光山上，在宜興的大覺寺裡，在晨曦中，在黃昏下，對這位已建造了眾多寺院、大中小學、美術館，以及創設了《人間福報》、「人間衛視」等媒體以及籃球隊的佛教領袖，用世俗的語言，大師怎麼能無中生有，不斷地在海內外擴增？

大師會淡然地回答：「這一切我都參與，但都不是我的。個人要給我的，我都不要。自己捨得，也沒有擁有過一塊錢。錢都大眾的，只是還來還去。」

一九四九年，二十三歲從揚州來到宜蘭的和尚，所發的初心就是不靠佛教養我；而且還要佛教靠我成長。

這種強烈的初心，我完全可以體會。因為自己也在一九四九年十三歲從上海隨雙親到台灣。少年在眷村孕育出了「自己爭氣」的個性，二十三歲去美國讀書，青年時代更養成了「一切靠自己」。近十年來面對小確幸在台灣的瀰漫，我大聲疾呼：自己的工作自己找，自己的家庭自己建，自己的舞台自己尋，自己的晚年自己顧。

大師大概沒有讀過十八世紀亞當史密斯的《國富論》，也沒有讀過當代波特寫的《國際競爭理論》，這些毫不影響他對財富、人性、市場、世局、國際化等等的判斷。他過目不忘，他無師自通，他舉一反三。他心中自有識見，腦中自有遠見。

（三）有佛法就有辦法，有大師就能成大事

大師一生的言行，就是最具體的示範：「給」是初心，它不拘形式，它沒有終點。

大師給人信心、給人歡喜、給人希望、給人方便；大師推動做好事，說好話，存好心；大師傳承慈悲、智慧、放下……。

這些無形的善念所產生的感動，都變成了當他要興建寺院、學校、美術館時一幢又一幢的硬體，也使大家都變成了人間紅利的受益者。追隨大師半世紀的慈容法師有深刻的描述：大師不用佛教的供養，靠自己的著作、稿費、版稅，以及「一筆字」的金額就夠，但他將所有的金錢，全部捐給社會及佛光山。他不但不要，而且歡喜捨得、樂於給人。他資助過的何止百千人，每天養育的何止百千人，給予社會的何止百千萬。既沒有銀行的戶頭，也沒有存放零錢，連一張書桌都沒有。

細數大師的事業，如：教育、文化、慈善……，這麼多的一切，他都不是「要」才有的，他都是「給」而來的。因為「給」就能「捨」，「捨」就能「得」。貧僧反而不貧而富有，但大師「以無為有」、「以空為樂」。慈容法師又說：六十餘年來，看到師父也經常遇到沒有辦法的時候，但好似真有佛祖保佑他，明明「山窮水盡疑無路」了，他又能「柳暗花明又一村」。

所以，他常說「有佛法就有辦法」，弟子們也認為「有大師就能成大事」。終其一生，大師始終掌握住了「初心」的本意。「給」比「受」好。不希望「人人為我」，要變成「我為人人」。不僅不要自己靠佛教，而要以一己之力，弘揚佛教。

四十年前自己借用諾貝爾經濟獎得主傅利曼的「天下沒有白吃的午餐」，呼籲國人要自己爭氣；沒有想到華人世界這一位宗教大師以這句話，發揮了「成就人間的願力」。只能說：「厲害了，我們的大師」。

2017 年 9 月，天下文化出版大師著作《三好一生》做為生日賀禮，
右一為天下文化社長林天來。

2018 年 9 月，高教授在佛光山南京天隆寺探望大師。圍巾是高夫人劉麗安手織。

2019 年 3 月，大師病後的第一本書《我不是「呷教」的和尚》出版，好似真有佛祖保佑他，明明「山窮水盡疑無路」了，他又能「柳暗花明又一村」。

第二部

影像集：書緣・人緣・佛緣

大師的書法是公共財富

近幾年來，曾在佛光山以及台北道場親自看到大師當場揮毫的情景。他的眼力與視線已不十分清晰，卻仍能精確地一氣呵成，書寫出那些氣勢磅礡、傳誦於世的「百福吉祥」、「福慧人生」、「與人為善」等等。

也許使大師感到一些意外的是：各界人士非常歡喜珍藏這些墨寶，並且都要以相當「高價」來表達敬意，用以完成大師想做很多事的心願。因此在很短的時間內，「書法基金」一路攀升。

大師認為此刻「媒體要救台灣」。自二〇〇九年起，他創設了「星雲真善美新聞傳播獎」。這個獎第一屆公開頒贈，每位得獎者獲新台幣一百萬元，總獎額達五百萬元。第二屆開始大師更擴大舉辦，把得獎名額超過十位，地區擴大到大陸、香港與星馬，總金額為新台幣一千一百萬，超過了大家熟知的美國普立茲新聞獎總金額。這應當是華人社會中最值得重視的真善美新聞獎。

這使我領悟到：半世紀來，大師的智慧已是人間的智慧；大師的「一筆字」不僅開闢了新的書法領域，更變成台灣及海外華僑社會的公共財富。

不忘初心
星雲

人間紅利

2014年，大師八十八歲，一筆字書法「人間紅利」。

在 2014 年 10 月 29 日第十二屆華人企業領袖遠見高峰會上，馬英九總統接受星雲大師贈送的一筆字墨寶「人間紅利」。

郝柏村

2010 年 12 月 6 日，前行政院長郝柏村與大師於台北國父紀念館合影。

吳伯雄

2007 年 3 月 3 日，佛光會中華總會榮譽總會長吳伯雄來山拜會大師。

天下沒有白吃的午餐

大師題寫「天下文化」四字，交付高教授。

2016 年 6 月 22 日，大師一筆字題寫高教授提倡的觀念：「天下沒有白吃的午餐。」

高希均、劉麗安夫婦

2003 年 2 月 2 日，高希均、劉麗安夫婦赴佛光山與大師和心定和尚合影。

余秋雨、馬蘭夫婦

2015 年 3 月 6 日，余秋雨、馬蘭夫婦來到佛光山探望大師。

李開復

2012 年 5 月 5 日，李開復與高教授拜訪星雲大師。

大師題名贈字

2015 年 9 月 6 日，大師一筆字題寫高希均、王力行的名字，贈送給他們二位。

張作錦、洪蘭

2012 年 10 月 13 日，高教授偕同張作錦先生、洪蘭教授來到佛光山探望大師。張先生是星雲真善美新聞獎「終身成就獎」得主。

張洹、胡軍軍夫婦

2019 年 2 月 11 日，高教授與夫人劉麗安（左四），偕同好友國際著名藝術家張洹、詩人與畫家胡軍軍夫婦（右二、右三）、天下文化社長林天來、副總經理蔡馥鵑，來到佛光山藏經樓走春，藏經樓堂主覺元法師、人間佛教研究院院長妙凡法師接待。

黃效文

國際著名的探險家黃效文（左二）曾為美國《國家地理雜誌》工作，創辦中國探險學會，揚名世界各地。在美國威斯康辛讀書時曾是高教授的選修學生，後獲該校名譽博士。

莫言、李瑞騰、蔣偉寧

2013 年 9 月 14 日，左起：王發行人、高教授、蔣偉寧（時為教育部長）、大師、莫言、李瑞騰、慈容法師。

詹益森、張簡珍夫婦

2017 年，在上海事業有成的律師及企業家詹益森、張簡珍夫婦至宜興佛光祖庭大覺寺拜見大師。

楊振宇、曾煒夫婦

2016 年，飛馬旅創始人楊振宇、曾煒夫婦探望大師。他有一句名言：
「這時代，唯一能確定的，就是『不確定！』」

嚴長壽、梁天龍

2012 年 10 月 13 日，左起：大師與最受歡迎的青年導師嚴長壽先生、天下文化社長林天來、保險業領袖人物梁天龍、高教授，在佛陀紀念館大覺堂。

遠見天下文化同仁

2018 年 8 月，高希均教授、王力行發行人、天下文化林天來社長，率領攝影同仁至佛光山訪問星雲大師。領隊楊棟樑（第二排右四），名詩人畫家胡軍軍（右五）。

2016年2月8日，遠見天下文化同仁在佛光山拜見大師。

天下文化與星雲大師相關著作

歡喜人間（上）
1994/07/15
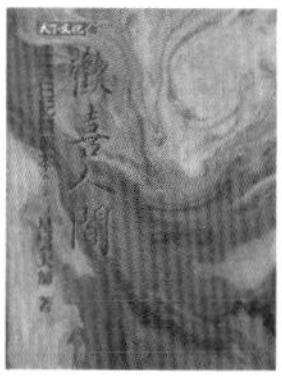

歡喜人間（下）
1994/07/15
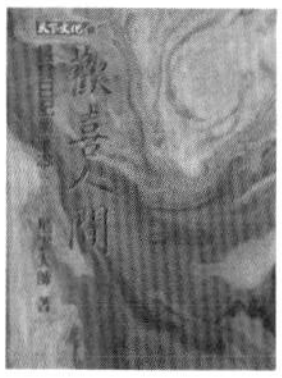

傳燈
1995/01/30

薪火
1997/04/15

星雲大師談讀書
2002/05/30

星雲大師談處世
2002/05/30

星雲大師談幸福
2003/12/10

星雲大師談智慧
2003/12/10

星雲模式的人間佛教
2005/08/20

雲水日月—星雲大師傳（上）
2006/03/31

雲水日月—星雲大師傳（下）
2006/03/31

星雲八十
2006/08/01

人間佛國
2011/12/09

生活有書香
2012/06/30

人間佛教何處尋
2012/07/25

佛光山開山故事
2012/12/25
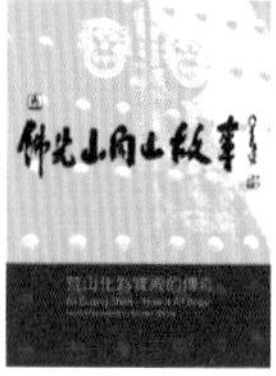

百年佛緣
2013/04/02

詩歌人間
2013/12/13

我們生命裡的七七
2014/06/26

星雲學說與實踐
2015/05/07

星雲智慧
2015/08/28

慈悲思路・兩岸出路
2015/10/08

星雲之道
2016/08/19

星雲之影
2016/08/19

三好一生
2017/08/31

星雲大師的傳承
2018/08/31

我不是「呷教」的和尚
（「天下文化」與「佛光文化」共同合作）
2019/03/07

星雲大師的光輝—結緣受益三十年
2019/08/22

社會人文 BGB478A

星雲大師的光輝

結緣受益三十年

國家圖書館出版品預行編目 (CIP) 資料

星雲大師的光輝：結緣受益三十年 / 高希均著 .
-- 第一版 . -- 臺北市：遠見天下文化，2019.08
面；　公分 . --（社會人文；BGB478）
ISBN 978-986-479-790-5(平裝)

1. 釋星雲 2. 佛教傳記 3. 臺灣傳記

229.63　　108012855

作　者 — 高希均
總策畫 — 高希均、王力行

總編輯 — 吳佩穎
執行主編 — 項秋萍（特約）
美術指導 — 張治倫（特約）
封面及美術設計 — 張治倫工作室 林姿婷（特約）
全書照片提供 — 佛光山法堂書記室、慧延法師、遠見創意製作、遠見天下文化、
高希均、王力行、楊永妙、林素伶

出版者 — 遠見天下文化出版股份有限公司
創辦人 — 高希均、王力行
遠見・天下文化 事業群董事長 — 高希均
事業群發行人／CEO — 王力行
天下文化社長 — 林天來
天下文化總經理 — 林芳燕
國際事務開發部兼版權中心總監 — 潘欣
法律顧問 — 理律法律事務所陳長文律師
著作權顧問 — 魏啟翔律師
地址 — 台北市 104 松江路 93 巷 1 號
讀者服務專線 — 02-2662-0012
傳真 — 02-2662-0007, 02-2662-0009
電子郵件信箱 — cwpc@cwgv.com.tw
直接郵撥帳號 — 1326703-6 號　遠見天下文化出版股份有限公司

電腦排版 — 張治倫工作室
製版廠 — 東豪印刷事業有限公司
印刷廠 — 中原造像股份有限公司
裝訂廠 — 中原造像股份有限公司
登記證 — 局版台業字第 2517 號
總經銷 — 大和書報圖書股份有限公司　電話／(02)8990-2588
出版日期 — 2019 年 8 月 22 日第一版第一次印行
2023 年 2 月 10 日第二版第一次印行

定價 — NT 500 元
ISBN — 4713510943403
書號 — BGB478A
天下文化官網 — bookzone.cwgv.com.tw

人間佛教
三好人生
吉祥
花開見佛
自覺